NOTE

SUR L'INTERPRÉTATION

DU NOUVEL ARTICLE

1734

DU CODE CIVIL

PAR

M. A. PEPIN LEHALLEUR

PARIS

IMPRIMERIE L. PHILIPONA

51, RUE DE LILLE, 51

1884

INTRODUCTION

———

Toutes les personnes qui se sont occupées d'assurance contre l'incendie connaissent les deux articles **1733** et **1734** du Code civil, où sont posés les principes généraux de la responsabilité des locataires.

L'article **1733** établit la responsabilité du locataire en général, et est ainsi conçu :

Il (le locataire) *répond de l'incendie, à moins qu'il ne prouve que l'incendie est arrivé par cas fortuit ou force majeure, ou par vice de construction, ou que le feu a été communiqué par une maison voisine.*

L'article **1734** vise le cas spécial où, la maison étant habitée par plusieurs locataires, le point de départ de l'incendie est indéterminé :

S'il y a plusieurs locataires, tous sont solidairement responsables de l'incendie,

A moins qu'ils ne prouvent que l'incendie a commencé dans l'habitation de l'un d'eux, auquel cas celui-là seul en est tenu,

Ou que quelques-uns ne prouvent que l'incendie n'a pu commencer chez eux, auquel cas ceux-là n'en sont pas tenus.

Or, en 1878, un député, M. Viette, s'amusant à traduire le brocard bien connu : *Incendia plerumque fiunt culpâ inhabitantium,* par cette phrase : *Tous les locataires sont des incendiaires,* irrité de plus contre les Compagnies d'assurance qui ont la barbarie d'exercer des recours contre les locataires négligents dont le risque locatif n'est pas assuré, M. Viette proposa l'abrogation pure et simple d'articles aussi iniques reposant sur un principe aussi odieux !

La discussion, que l'auteur de la proposition sema d'ailleurs de traits d'esprit, égaya beaucoup la Chambre. Mais quand on en vint au vote, l'Assemblée, considérant avec raison cette proposition comme une simple boutade, la repoussa sans hésiter.

Toutefois l'attention avait été appelée sur cette matière; et M. Durand, un professeur de droit, qui dans son rapport présenté au nom de la Commission de la Chambre, avait fait justice du projet de loi Viette, pensa qu'il y avait peut-être une réforme de détail à introduire. Il pensa que, s'il est juste en effet que la responsabilité du locataire soit rendue plus rigoureuse en cas d'incendie, s'il est juste aussi et rationnel que cette responsabilité pèse collectivement sur la masse de ceux qui n'ont pu y échapper, c'était aller au contraire trop loin que d'établir la solidarité entre ces codébiteurs. Beaucoup d'auteurs avaient déjà critiqué cette disposition, et M. Durand ne faisait qu'apporter dans la loi un tempérament d'équité, sans blesser aucun principe, soit de droit, soit de bon sens, lorsqu'il proposa de remplacer cette obligation solidaire par une obligation conjointe et proportionnelle. Aussi son projet de loi obtint-il l'approbation générale; et la Chambre vota le nouvel article **1734** dans les termes proposés par lui, qui sont les suivants :

S'il y a plusieurs locataires, tous sont responsables de l'incendie **proportionnellement à la valeur locative de la partie de l'immeuble qu'ils occupent,**

A moins qu'ils ne prouvent que l'incendie a commencé dans l'habitation de l'un d'eux, auquel cas celui-là seul en est tenu ;

Ou que quelques-uns ne prouvent que l'incendie n'a pu commencer chez eux, auquel cas ceux-là n'en sont pas tenus, **et les autres répondent du tout dans la proportion indiquée au paragraphe premier du présent article.**

Quel ne fut donc pas l'étonnement général, quand le Sénat, au lieu d'approuver sans réserve cette rédaction si juste, si claire et si raisonnable, crut découvrir une contradiction entre le premier et le troisième paragraphe de l'article proposé ; et trouvant, on ne sait pourquoi, qu'il était injuste que le propriétaire fût indemnisé de tout le dommage par ceux des locataires qui restaient seuls responsables, supprima purement et simplement le dernier membre de phrase : *Et les autres répondent du tout dans la proportion indiquée au paragraphe premier du présent article,* sans rien changer d'ailleurs au reste de la rédaction.

Or, quelle est la conséquence de cette suppression ? Ce membre de phrase : *Et les autres répondent du tout, etc...,* ajouté par la Chambre des députés, ne servait qu'à préciser le sens, déjà suffisamment clair de l'article, il ne faisait qu'exprimer une conséquence forcée et évidente. Il ne formait nullement un complément nécessaire, si bien qu'en le supprimant on ne modifie en rien le sens général de la proposition.

Ainsi, en réalité, le Sénat n'a modifié ni le sens ni la portée du texte.

Ce texte écourté fut ensuite adopté définitivement tel quel par la Chambre des députés qui, de guerre lasse, sentant confusément qu'elle faisait une faute, mais voyant

à tout prendre que son objectif principal, la suppression
de la solidarité, était atteint, donna ce spectacle singulier
d'un législateur qui, tout en reconnaissant qu'une loi est
mauvaise et qu'elle va être immédiatement une source
de procès, conclut néanmoins à son adoption.

Et les procès ne se sont pas fait attendre, procès
portant non pas sur des applications de détail, mais sur
le sens fondamental du texte, sur le principe même dont
la loi doit être l'expression.

Naturellement on a voulu rechercher en dehors du
texte l'esprit du législateur. Mais d'abord il y a deux
législateurs, la Chambre des députés et le Sénat, qui ne
sont pas d'accord entre eux. D'autre part, si en torturant
le texte, on veut prétendre que la suppression du dernier
membre de phrase modifie la portée du troisième paragraphe en ce sens que, s'il y a plusieurs locataires responsables, ils ne sont plus collectivement responsables
de la totalité des dommages, on est logiquement forcé
d'étendre l'effet de cette suppression au deuxième paragraphe : *A moins qu'ils ne prouvent que l'incendie a commencé dans l'habitation de l'un d'eux, auquel cas celui-là
seul en est tenu,* et de dire que, même dans ce cas, le
propriétaire ne peut pas prétendre à être indemnisé de
tout le dommage. C'est en effet ce que les parties intéres-
sées n'ont pas manqué de soutenir, se souciant peu
d'aller aussi bien à l'encontre du texte, qu'à l'encontre
de l'intention du Sénat, sur laquelle on s'appuie pourtant pour fausser le sens de ce texte.

En présence de ces difficultés, il n'y a qu'un moyen
de se tirer d'affaire, mais ce moyen est bien simple : il
consiste à appliquer la lettre de la loi. Nous ne pouvons
croire qu'un juge hésite à le faire ; qu'il hésite à interpréter un texte de loi conformément au sens grammatical

des mots et de la phrase, sens naturel et sens unique, par la raison qu'en faisant ainsi, il se mettrait d'accord, à la fois, avec le bon sens, avec l'équité et avec les principes.

Si le lecteur veut bien se donner la peine de parcourir cet opuscule, nous espérons qu'il se convaincra de la justesse de nos arguments et de notre conclusion.

Notre travail se divise en trois parties :

Dans la première nous faisons ressortir la netteté du sens littéral du texte, sens naturel qu'on ne peut altérer sans torturer les mots et la phrase, et sans aboutir à des conséquences absurdes.

Dans la deuxième, nous donnons la preuve que l'esprit même du législateur est en contradiction avec le sens forcé que les inventeurs du système que nous combattons voudraient donner au texte. Puis, examinant quelle est la seule innovation à laquelle le Sénat ait songé, nous en démontrons la confusion et l'inconséquence.

Enfin, dans la dernière partie, nous développons cette conclusion, que l'interprétation littérale du texte, et cette interprétation littérale seule, fait disparaître à la fois toutes les difficultés et toutes les inconséquences.

ARTICLE 1734

TEXTE ANCIEN DU CODE CIVIL	TEXTE PROPOSÉ ET ADOPTÉ PAR LA CHAMBRE DES DÉPUTÉS	TEXTE DÉFINITIF PROPOSÉ PAR LE SÉNAT ET FINALEMENT ADOPTÉ PAR LES DEUX CHAMBRES (LOI DU 5 JANVIER 1883.)
S'il y a plusieurs locataires, tous sont *solidairement* responsables de l'incendie.	S'il y a plusieurs locataires, tous sont responsables de l'incendie, *proportionellement à la valeur locative de la partie de l'Immeuble qu'ils occupent.*	S'il y a plusieurs locataires, tous sont responsables de l'incendie, *proportionnellement à la valeur locative de la partie de l'Immeuble qu'ils occupent.*
A moins qu'ils ne prouvent que l'incendie a commencé dans l'habitation de l'un d'eux, auquel cas celui-là seul en est tenu,	A moins qu'ils ne prouvent que l'incendie a commencé dans l'habitation de l'un d'eux, auquel cas celui-là seul en est tenu,	A moins qu'ils ne prouvent que l'incendie a commencé dans l'habitation de l'un d'eux, auquel cas celui-là seul en est tenu,
Ou que quelques-uns ne prouvent que l'incendie n'a pu commencer chez eux, auquel cas ceux-là n'en sont pas tenus.	Ou que quelques-uns ne prouvent que l'incendie n'a pu commencer chez eux, auquel cas ceux-là n'en sont pas tenus, *et les autres répondent du tout dans la proportion indiquée au paragraphe premier du présent article.*	Ou que quelques-uns ne prouvent que l'incendie n'a pu commencer chez eux, auquel cas ceux-là n'en sont pas tenus.

On voit que le texte du nouvel article **1734** établi par la loi du 5 janvier 1883, ne diffère du texte de l'ancien article **1734** du Code civil qu'en ce que le mot *solidairement* est remplacé dans le premier paragraphe par l'expression *proportionnellement à la valeur locative de la partie de l'immeuble qu'ils occupent.*

OBSERVATION PRÉLIMINAIRE

SUR LE TEXTE

M. Vavasseur, qui dans le numéro du *Journal des Assurances* de Mai de 1883 a publié une étude sur la modification apportée à l'article **1734**, fait remarquer à la fin de son travail que le mot *en* qui remplace le mot *incendie* dans les deux derniers paragraphes de l'article ancien, ne se trouve pas dans le projet de rédaction présenté au Sénat par sa commission. (*J. O. du 24 mai 1883.*)

Le § 2 s'y lit en effet comme suit : *A moins qu'ils ne prouvent que l'incendie a commencé dans l'habitation de l'un d'eux, auquel cas celui-là seul* **est** *tenu ;* et l'auteur ajoute que si cette suppression a été intentionnelle, l'idée d'une responsabilité s'étendant à la totalité du dommage causé par l'incendie disparaît avec le pronom supprimé. Sans doute, continue-t-il, le pronom *en* se retrouve dans le texte revenu à la Chambre des députés et voté par elle. Mais de ce que la Chambre a voulu adopter la résolution qui a prévalu au Sénat, M. Vavasseur conclut que c'est par inadvertance que le pronom *en* reparaît dans le texte définitif.

Or, tout au contraire, c'est la Commission du Sénat qui, par inadvertance, a passé le mot *en*. Il suffit pour s'en convaincre de lire le rapport de M. Batbie. (*J. O. du 25 mai 1882. Annexes.*) L'honorable rapporteur y place l'ancien texte du Code civil en regard de celui proposé par la Chambre des députés, et dans cette citation même, faite sans doute de mémoire, il omet le mot *en* : c'est en croyant reproduire les propres termes de l'ancien article qu'il écrit *auquel cas celui-là seul* **est** *tenu*. Mais lors de la seconde délibération (*J. O. du 23 juillet 1883*), le texte proposé par la Commission après nouvelle étude, et adopté par le Sénat sans discussion, contient parfaitement le mot *en ;* et c'est cette rédaction du § 2, conforme d'ailleurs à celle du texte véritable de l'ancien article du Code civil, qui a été renvoyée à la Chambre des députés, votée par elle et définitivement adoptée dans la loi promulguée le 5 janvier 1883.

Il y a deux manières d'interpréter un texte de loi :

1° En s'en référant à la lettre, au sens grammatical des mots et de la phrase ; ou (si le texte est ambigu),

2° En s'en référant à l'intention du législateur.

Nous allons recourir successivement à ces deux modes d'interprétation.

PREMIÈRE PARTIE

INTERPRÉTATION SUIVANT LA LETTRE

Rappelons d'abord que la modification apportée à l'article 1734 par la loi du 5 janvier 1883 porte uniquement sur le premier paragraphe, et qu'elle consiste dans la substitution de l'expression *proportionnellement à la valeur locative de la partie de l'immeuble qu'ils occupent,* au mot *solidairement.*

En bonne foi, un texte peut-il être plus clair que celui qui nous occupe ?

L'article 1733 vient de poser un principe général : Il (le locataire) *répond de l'incendie, à moins qu'il ne prouve que l'incendie est arrivé par cas fortuit ou force majeure, ou par vice de construction, ou que le feu a été communiqué par une maison voisine.*

La loi passe immédiatement à un cas particulier, celui où la maison est occupée concurremment par plusieurs locataires, et elle dit : *S'il y a plusieurs locataires, tous sont responsables de l'incendie.* C'est-à-dire que si aucun d'eux ne prouve que le feu n'a point commencé, ou seulement n'a pu commencer chez lui, la présomption de faute établie par l'article 1733 pèse sur tous : tous sont responsables de *l'incendie,* c'est-à-dire de la totalité du dommage causé par l'incendie à l'immeuble de leur propriétaire commun.

Mais lorsqu'il y a plusieurs débiteurs pour une seule et même somme, il faut spécifier dans quelle proportion chacun doit payer.

La loi établit en effet cette proportion sur la valeur locative de la partie de l'immeuble qu'il occupe : *Tous sont responsables de l'incendie proportionnellement à la valeur locative de la partie de l'immeuble qu'ils occupent.*

Le législateur, dans sa prévoyance, considère ensuite l'hypothèse où le point de départ de l'incendie n'est plus absolument indéterminé. Il suppose d'abord que les locataires ont prouvé que *l'incendie a commencé dans l'habitation de l'un d'eux ;* c'est-à-dire, puisque la cause de l'incendie est demeurée inconnue (ce qui, ne l'oublions pas, est l'hypothèse commune des articles 1733 et 1734), que tous les autres ont démontré que l'incendie n'a pas commencé chez eux ; et le § 2 donne la solution dans ce cas : *à moins qu'ils ne prouvent que l'incendie a commencé dans l'habitation de l'un d'eux, auquel cas celui-là seul* **en** *est tenu.*

Hypothèse nouvelle, solution particulière. Le locataire qui *seul* n'est pas en état de faire la preuve que le feu n'a pas commencé chez lui, reste *seul* tenu de *l'incendie.* Or le mot *incendie* n'a pas changé de sens d'un paragraphe à l'autre : *l'incendie,* c'est toujours la totalité des dommages causés à l'immeuble du propriétaire.

Un troisième cas peut se présenter, celui où quelques-uns des locataires prouvent que l'incendie n'a pas commencé chez eux, mais où cependant il en reste *plusieurs* qui ne sont pas en état de faire cette preuve :

Ou (à moins) *que quelques-uns ne prouvent que l'incendie n'a pu commencer chez eux, auquel cas ceux-là n'en sont pas tenus.*

Donc, les autres *en* sont tenus, restent tenus de *l'incendie,* que le législateur considère aussi bien dans son point de départ que dans son extension, ainsi que le mot *commencer* en fait foi. Ils sont tenus du dommage causé à l'immeuble du propriétaire par *l'incendie,* car le mot n'a pas non plus changé de sens en passant du § 2 au § 3.

Mais nous voici de nouveau en présence de plusieurs débiteurs conjoints d'une somme totale déterminée, et il faut établir dans quelle proportion la dette se répartit entre eux. Or, le principe en a été posé dans le § 1 : la responsabilité qui pèse sur tous les locataires qui n'ont pas fait la preuve exigée, se divise entre eux *proportionnellement à la valeur locative de la partie de l'immeuble qu'ils occupent.*

Autrefois les locataires qui demeuraient responsables, faute d'avoir pu faire la preuve exigée, étaient responsables *solidairement;* c'est-à-dire que le propriétaire pouvait s'adresser à un seul d'entre eux et lui réclamer le total de la somme due par la collectivité, ce qui était très dur. Aujourd'hui, le propriétaire, qui conserve toujours son recours contre la collectivité des responsables pour la totalité des dommages causés par l'incendie, ne peut poursuivre chacun d'eux que pour une portion déterminée.

Et si l'un des codébiteurs est insolvable, son insolvabilité ne rend pas la condition des autres plus mauvaise; la perte est pour le propriétaire.

Il est impossible de trouver une autre interprétation littérale, à moins de torturer le sens des mots ou de supprimer la valeur des expressions restrictives qui, telles que l'expression *à moins que,* limitent une solution donnée à une hypothèse donnée.

Comment, en effet, quelques Compagnies assureurs de risques locatifs, sont-elles arrivées à cette interprétation inattendue et bizarre, à savoir que, *du moment qu'une maison est divisée en plusieurs locations,* un locataire quelconque, quelle que soit l'étendue du dommage causé par l'incendie, que la responsabilité de cet incendie pèse sur tous, sur plusieurs ou même *sur lui seul,* ne paiera, dans tous les cas, qu'une portion de ce dommage, portion proportionnelle à la valeur locative de la partie de l'immeuble qu'il occupe par rapport aux autres locataires ?

C'est-à-dire qu'on paraphrase le texte de la loi comme suit :

Si une maison est divisée en plusieurs locations : lorsque survient un incendie, la responsabilité des dommages causés par cet incendie se divise **immédiatement, et par le fait seul de l'incendie,** *entre* **tous** *les locataires de la maison,* **y compris** *ceux qui feront ultérieurement la preuve qu'ils ne sont pas responsables parce que le feu n'a pas commencé chez eux ; et la part de dommage mise ainsi* **ipso facto** *à la charge de* **chacun,** *est proportionnelle à la valeur locative de la partie de l'immeuble qu'il occupe.*

Ceux qui, ultérieurement, feront la preuve que l'incendie n'a pas commencé chez eux, cesseront, il est vrai, d'être responsables **au regard du propriétaire,** *mais ils continueront de l'être* **au regard des autres locataires ;** *de telle sorte que, s'ils ne paient rien au propriétaire auquel ils ne doivent rien, ils serviront par leur présence seule à décharger d'une partie de leur responsabilité ceux qui devraient tout comme restant* **seuls** *responsables de* **l'incendie.**

Ainsi, tous sont responsables de l'incendie, même ceux qui ne sont pas responsables ; mais comme ceux qui ne sont pas responsables ne peuvent pourtant pas être responsables, ceux qui sont réellement et seuls responsables ne seront plus que partiellement responsables !

Et nous rencontrons cette espèce remarquable, unique à coup sûr depuis qu'on s'occupe de jurisprudence, à savoir qu'une dette se trouve divisée entre ceux qui la doivent et ceux qui ne la doivent pas.

Pour faire ressortir le vice du raisonnement qui consiste à isoler le § 1 : *S'il y a plusieurs locataires, tous sont responsables de l'incendie proportionnellement à la valeur locative de la partie de l'immeuble qu'ils occupent,* et à faire abstraction des deux paragraphes suivants pour déterminer l'étendue de la responsabilité de chaque locataire, il suffit d'appliquer ce raisonnement à l'ancien texte qui, nous l'avons vu, ne diffère du nouveau qu'en ce que le mot *solidairement* y est remplacé par l'expression *proportionnellement à la valeur locative de la partie de l'immeuble qu'ils occupent.* Il faudra dire alors que le propriétaire aurait pu, dans l'état ancien, poursuivre *pour le tout* un quelconque des locataires, *même un de ceux qui, ultérieurement, auraient fait la preuve que le feu n'a pas commencé chez eux.* « Mais, dira-t-on, le § 1 « ne s'applique qu'au cas où aucun des locataires n'a pu « s'exonérer par les preuves exigées. » Sans doute ; mais il en est exactement de même dans le nouveau texte. De même que, dans l'ancien, le mot *solidairement* indiquait de quelle manière le propriétaire pouvait répéter le dommage éprouvé par lui contre ceux des locataires qui n'avaient pu faire tomber la présomption de faute pesant sur eux ; de même, sous l'empire du nouveau texte, l'expression *proportionnellement à la valeur locative de la partie de l'immeuble qu'ils occupent,* détermine quelle portion de ce même dommage est à la charge de chacun de ceux qui, restant seuls responsables, en doivent seuls la réparation et toute la réparation.

Un auteur a cru pouvoir justifier cette singulière division de la dette en la comparant à la division qui s'opère de plein droit entre les héritiers du *de cujus*. Mais il n'a pas pris garde que son exemple tournait directement contre lui. En effet, la division de la dette au moment du décès n'est pas définitive ; elle ne le devient que lorsque la qualité d'héritier, sur laquelle elle repose, est définivement fixée. Que, postérieurement, il se découvre qu'un des héritiers était incapable ; ou même que l'un d'eux se décide à renoncer à sa part de succession ; la part de la dette mise d'abord à la charge de cet héritier qui disparaît et qui est supposé n'avoir jamais existé, sera supportée par les autres. Tant il est vrai que le créancier a une action collective contre la masse des héritiers pour le montant total de la dette.

En outre, il s'agit dans ce cas d'une dette préexistante à la cause qui la divise entre les représentants du débiteur originaire. Tandis que, dans l'espèce qui nous occupe, l'incendie n'a pas pour effet de diviser une dette antérieure ; c'est l'incendie lui-même qui crée la dette, et celle-ci ne prend naissance que contre ceux-là seuls des locataires qui sont dans l'impossibilité de faire la preuve que le feu n'a pas commencé chez eux.

Sans insister plus longtemps sur le caractère fantaisiste et les contradictions de ce système, examinons quelles en sont les conséquences.

A. — Conséquences de droit.

Ire Conséquence. — La loi prenant en considération la situation du bailleur, établit une sorte de privilège en sa faveur et pose en principe que *par rapport au propriétaire*, le *fait* seul de l'incendie est considéré comme une **faute** à moins de certaines preuves déterminées. De ce que le locataire est considéré comme *étant en* **faute**, *vis-à-vis de son propriétaire*, il s'ensuit forcément qu'il lui doit *toute* la réparation du dommage causé à sa chose. En effet l'article 1382, sous l'empire duquel la présomption établie par l'art. 1733 nous ramène, est formel : *Tout fait quelconque de l'homme qui cause à autrui un dommage, oblige celui par la* **faute** *duquel il est arrivé, à le réparer.*

Or, dans le système de nos adversaires, il arrive que, *par la circonstance seule* qu'une maison sera divisée en plusieurs locations, ce qui est le cas de la presque totalité des maisons de Paris, le propriétaire ne **sera jamais** indemnisé de la totalité des dommages occasionnés à sa maison par un incendie survenu chez un ou plusieurs locataires, lesquels sont pourtant considérés comme étant en faute.

Nous pouvons dire **jamais,** car le seul cas où il en serait autrement est celui où *aucun* des différents locataires ne réussirait à prouver que le feu n'a pu commencer chez lui. Or ce cas s'est-il présenté une fois depuis que l'assurance contre l'incendie a été inventée?

Ainsi la loi aboutirait à un privilège en faveur du propriétaire quand la maison ne forme qu'une location, et au contraire à un privilège *en faveur du locataire* quand la maison est divisée en plusieurs locations; puisqu'en effet dans ce dernier cas le locataire est sûr de ne jamais payer la totalité du dommage de l'incendie survenu chez lui et qu'il est *présumé* avoir causé par sa faute; et cela, même quand cet incendie ne s'est étendu qu'aux parties de l'immeuble occupées par lui seul!

2ᵐᵉ Conséquence. — Laissant de côté cette contradiction de privilèges, il résulterait du système en question que la loi, qui a cru rendre plus rigoureuse la responsabilité du locataire dans le cas de dégradation ou perte par incendie, se trouverait avoir fait précisément le contraire de ce qu'elle a voulu faire.

En effet les articles 1730, 1731 et 1732 obligent d'une façon générale le locataire à rendre les locaux loués par lui dans l'état où il les a reçus. Il doit la réparation totale des dégradations causées à la chose louée, à moins qu'il ne prouve qu'elles ont eu lieu sans sa faute (art. 1732). Or il arrivera qu'en cas d'incendie, et *en cas d'incendie seulement*, il ne devra pas la réparation totale du dommage dont cependant la loi a voulu le rendre plus rigoureusement responsable.

3ᵐᵉ Conséquence. — Nous avons montré plus haut que pour arriver à cette singulière interprétation de la loi, il fallait isoler du reste de l'article 1734 le § 1 ainsi conçu : *S'il y a plusieurs locataires, tous sont responsables de l'incendie proportionnellement* etc....., et diviser la dette résultant de cet incendie aussi bien entre les locataires qui la doivent qu'entre ceux qui ne la doivent pas.

Que sera-ce donc dans l'hypothèse suivante? Une maison neuve est divisée en plusieurs locations, mais les locaux sont encore vacants, sauf un seul qui est pourvu de son locataire; et le feu prend chez ce locataire. Pour pouvoir ne faire payer à ce locataire unique qu'une part du dommage total *proportionnelle à la valeur locative de la partie de l'immeuble qu'il occupe*, on sera obligé de diviser la dette non plus seulement entre la personne qui la doit et d'autres qui ne la doivent pas; il faudra la diviser entre la personne qui la doit et d'autres *qui n'ont jamais existé!*

4ᵐᵉ Conséquence. — Un cas fréquent est celui où un propriétaire d'une maison divisée en plusieurs locations loue l'ensemble à *un seul* locataire dit principal locataire, lequel sous-loue ensuite à plusieurs sous-locataires. Le feu prend chez l'un de ces sous-locataires. Que va faire le propriétaire ? Il va s'adresser à son locataire unique, au principal locataire, et lui réclamera la totalité des dommages en vertu de l'art. 1733. Mais quand le principal locataire se retournera contre le sous-locataire, auteur présumé de l'incendie, celui-ci lui objectera que, la maison étant divisée en plusieurs locations, il ne doit qu'une **partie des dommages**. La différence restera à la charge du principal locataire. Donc, si le propriétaire, qui a une action directe contre les sous-locataires, use de ce droit et exerce son recours contre le sous-locataire chez qui le feu a pris, il ne pourra lui réclamer qu'une fraction des dommages. Que si au contraire il s'adresse, comme c'est également son droit, au principal locataire, il pourra réclamer la totalité des dommages à ce principal locataire, chez qui le feu n'a pas pris, qui n'occupe probablement pas la maison.

Voilà donc une même cause qui produit deux effets contradictoires.

B. — Conséquences de fait.

1re Conséquence. — Dans le système de nos adversaires, c'est au moment de l'incendie que, par le fait seul de cet incendie et sans rechercher à qui en incombe la responsabilité, la charge des dommages est définitivement répartie entre tous les locataires dans une proportion donnée. Il en résulte que le quantum à payer par chacun sera le même dans tous les cas, soit que la présomption de faute continue à peser sur tous, soit que quelques-uns ou même tous les autres fassent la preuve que le feu n'a pas commencé chez eux. Nous avons vu en effet que ces derniers se trouvent alors nécessairement dé-chargés de toute responsabilité vis-à-vis du propriétaire, bien que, par la contradiction la plus choquante, cette responsabilité subsiste et produise tous ses effets par rapport aux autres locataires. La somme à payer en dernière ligne de compte au propriétaire, le quantum de l'indemnité que celui-ci recevra définitivement en réparation du dommage qu'il a éprouvé, sera donc d'autant moindre que la responsabilité sera circonscrite et limitée à un plus petit nombre de locataires.

Dès lors, que va-t-il arriver ? Il y aura collusion entre tous ceux des locataires qui ne se sentiront pas en état de faire la preuve que le feu n'a pas commencé chez eux. Ils se hâteront de s'entendre avec l'un d'entre eux, celui bien entendu dont la location est la plus faible et conséquemment la quote-part à payer aussi la plus faible, à l'effet de lui faire assumer à lui seul la responsabilité; et l'autre s'y prêtera avec empressement, car il aura été convenu au préalable que la somme à payer par lui sera partagée entre tous. Ce sera alors au propriétaire à prou-ver que le feu a pu commencer aussi bien chez l'un que chez l'autre, c'est-à-dire que la charge de la preuve retombera sur le propriétaire, au rebours de ce que la loi a formellement voulu, quand le principe de l'art. 1733 a été posé et maintenu comme fondement de la matière.

En d'autres termes, les locataires *en fait* établiront par collusion et par *aveu* une présomption en leur faveur. Le propriétaire, pour se faire payer, sera obligé de dé-truire cette présomption, *de faire la preuve,* tandis que ce que le législateur du code civil a voulu, volonté expressément formulée dans l'art. 1733, lequel est main-tenu et pose le principe général, c'est que la *présomption* fût en faveur du *propriétaire,* que les locataires ne pussent échapper au paiement qu'en faisant tomber cette pré-somption, en un mot qu'ils fussent obligés *de faire la preuve.*

2ᵐᵉ Conséquence. — Non seulement on renverse l'état des choses et l'on oblige le propriétaire, pour qu'il puisse être intégralement indemnisé, à démontrer la cause de l'incendie, non seulement on met à sa charge la preuve de la faute, mais on le prive de tout moyen efficace de faire cette preuve. Comment en effet le propriétaire saura-t-il de quelle façon le feu a commencé dans cette maison qu'il n'habite pas, dans cet appartement où il n'a même pas le droit de pénétrer ? Il ne peut guère recourir qu'au témoignage des locataires qui habitent la maison. Or tout le monde connaît la sympathie des locataires pour le propriétaire; ils ne sont pas disposés à servir ses intérêts, et dans l'espèce ils se feront d'autant moins de scrupule de le desservir qu'ils n'auront pas besoin pour cela de mentir : il leur suffira de se taire, de ne pas dénoncer le coupable, que seuls ils peuvent connaître.

DEUXIÈME PARTIE

INTERPRÉTATION SUIVANT L'ESPRIT

Le pouvoir législatif étant exercé simultanément par la Chambre des députés et le Sénat, il y a deux personnes dans le législateur. Cherchons quelle a été la pensée de chacune d'elles.

La pensée du législateur de la Chambre des députés n'est pas douteuse. C'est lui qui a pris l'initiative du projet de loi ; et sa théorie, qui consiste uniquement à remplacer par une obligation *conjointe* l'obligation *solidaire* des locataires qui ne cessent pas d'être *collectivement* responsables, ressort nettement :

1º De la nouvelle rédaction donnée au § 3 de l'article 1734 : *ou que quelques-uns ne prouvent que l'incendie n'a pu commencer chez eux, auquel cas ceux-là n'en sont pas tenus,* **et les autres répondent du tout dans la proportion indiquée au § 1 du présent article.**

2º Du rapport et des paroles de M. Durand, l'un des auteurs de la proposition de loi et le rapporteur de la Commission dont les conclusions ont été adoptées par la Chambre :

En principe et à priori, quand la cause d'un incendie

n'est pas connue, tous les locataires sont présumés en faute. Lorsque l'un d'eux établit qu'il ne l'est pas, la présomption ne peut que se reporter tout entière sur tous les autres, et c'est dès lors sur eux aussi que doit retomber d'autant la responsabilité de l'incendie (J. O. du 7 mars 1881 et J. des Assur. T. XXXI, p. 125.)

La pensée de la Chambre a-t-elle changé après que le Sénat lui eut renvoyé son projet de loi écourté sur les instances de M. Batbie ? Il est permis d'en douter, et de penser que la transaction à l'aide de laquelle M. Durand, de guerre lasse, a mis fin à la discussion, a laissé entière la liberté d'appréciation des tribunaux qui auront à faire l'application de cette loi. Ce qui le prouve bien, ce sont les doutes et les regrets manifestés par M. Durand dans le compte-rendu des tendances du Sénat où il s'exprime ainsi :

Mais ce raisonnement ne pèche-t-il pas par excès de rigueur ? Il est assurément permis de le penser..... Ajoutez qu'il est à craindre que le système qui a prévalu devant le Sénat ne donne lieu à de nombreux procès... En présence de ces considérations, votre commission aurait sans doute incliné à persister dans sa première résolution, si elle n'avait cru devoir subordonner ses préférences à l'intérêt de la réforme qui est en jeu. La suppression de la solidarité entre locataires d'un même immeuble, **qui est le principe même de la nouvelle loi,** *est en somme acceptée par le Sénat comme elle l'a été par vous-mêmes. Il nous a paru que la réforme dont nous avons pris l'initiative avait trop d'importance pour que le sort pût en être compromis par une divergence de vues sur un point particulier.* (J. O., Doc. parlem. P. 2416.)

La Chambre, en acceptant sans discussion les conclusions de M. Durand, a protesté avec sa Commission ; comme elle, elle a constaté qu'il y avait divergence de vues, que l'opinion qui a prévalu au Sénat donnerait lieu à de nombreux procès, mais que le but principal étant atteint, on risquerait de le compromettre en continuant la lutte : et ce n'est qu'en affirmant sa préférence pour la théorie juridique établie par elle, qu'elle a consenti à la mutilation du texte qu'elle avait voté d'abord.

Passons maintenant au second agent du pouvoir législatif, le Sénat, et à son action sur la loi.

Tout d'abord, nous remarquerons que le Sénat n'a entendu limiter l'étendue de la responsabilité des locataires que dans le cas où, le point de départ de l'incendie (dont la cause est inconnue) restant indéterminé, le doute plane **sur plusieurs locataires.**

Mais dès qu'il est démontré que le feu a pris chez l'un d'eux, ce cas reste régi par l'article 1733. Ce locataire doit réparation au propriétaire pour tout le dommage causé à son immeuble. Il suffit pour s'en convaincre de lire le rapport de M. Batbie (J. O. du 25 mai 1882): *Si, comme il* (M. Durand) *le dit, la preuve est entière, il n'est pas douteux que le locataire, dont la faute est démontrée, ne soit tenu pour le tout. Que cette preuve soit faite, directement ou indirectement, peu importe : il suffit qu'elle porte la conviction dans l'esprit des juges. Ainsi, dans l'hypothèse qu'il expose, nous sommes portés à dire que la preuve est complète ; car si un des locataires est en faute et que* **trois** *sur* **quatre** *prouvent que le feu n'a pas commencé chez eux, il est par cela seul démontré que le* **quatrième** *est responsable.*

De même au cours de la discussion au Sénat (J. O. du 24 mai 1882), M. Batbie dit en propres termes : *Si la Compagnie d'Assurance ou le propriétaire démontrait contre son locataire que l'incendie a commencé chez lui, le preneur serait responsable en vertu de l'art. 1733 du* **C. C. que nous ne vous proposons pas de rectifier.**

En outre, nous avons eu l'honneur de recevoir deux fois audience de M. Batbie, et chaque fois M. Batbie nous a affirmé dans les termes les plus formels que, suivant l'esprit de la nouvelle loi, le locataire, chez qui il était prouvé que l'incendie avait commencé, était responsable *de la totalité* des dommages en vertu de l'article 1733, et que c'était uniquement dans le cas de responsabilité commune de plusieurs locataires, dont aucun ne pouvait faire la preuve que le feu n'avait pas commencé chez lui, que le Sénat avait entendu innover.

Enfin, et en présence des difficultés soulevées par l'interprétation du nouveau texte de loi, M. Batbie nous a écrit la lettre suivante :

SÉNAT.

Paris, le 7 juin 1883.

A M. Pepin Lehalleur, adjoint à la Direction de la Société Mutuelle M. A. C. L.

« Monsieur,

« Vous me demandez de vous fixer sur le sens et la « portée de la loi du 5 janvier 1883, sur les risques « locatifs en cas d'incendie, lorsque le point de départ « est connu, ce qui arrive dans presque toutes les affaires.

« La loi n'a eu pour but que de supprimer la solidarité « et toute responsabilité collective entre co-locataires, « lorsqu'en fait il est impossible de démontrer chez qui « le feu a pris. A cela se borne l'innovation. Lorsque « la partie de la maison où le feu s'est déclaré est connue,

« rien n'est changé, et les questions doivent être aujour-
« d'hui décidées comme elles l'étaient avant la nouvelle
« loi.

« Le texte est assez clair : *à moins qu'ils ne prouvent*
« *que l'incendie a commencé dans l'habitation de l'un d'eux,*
« **auquel cas celui-là seul en est tenu.**

« Lorsque l'origine de l'incendie n'est pas connue, la
« loi du 5 janvier 1883 a substitué la responsabilité pro-
« portionnelle suivant la valeur locative à la responsa-
« bilité pour le tout. Voilà ce que nous avons voulu
« faire, et ce que nous croyons avoir exprimé clairement.
« Mais si l'auteur du sinistre est connu, les tribunaux
« jugeront comme ils l'auraient fait quand ils avaient à
« faire l'application du texte du Code civil.

« Agréez, Monsieur, l'assurance de mes sentiments
« distingués.

« Signé : Batbie. »

Et la preuve que la solution contraire ne découle pas
plus *des termes* et *du texte* de la loi qu'elle n'était la pensée
du Sénat, cette preuve se trouve dans le rapport de
M. Durand, dont nous avons déjà cité quelques phrases
tout à l'heure. En effet, l'honorable rapporteur de la
Commission de la Chambre des députés reconnaît qu'un
des défauts de la nouvelle loi est de fournir au locataire,
chez qui le feu a pris, *un prétexte* pour chercher à échapper à la responsabilité totale qui continue à peser sur
lui : *Ajoutez qu'il est à craindre que le système qui a pré-*
valu devant le Sénat, ne donne lieu à de nombreux procès ;
car toutes les fois que la preuve de sa faute ne sera pas
faite directement et, pour ainsi dire, d'une manière tan-
gible, un locataire, même dans le cas où ses co-locataires

auront prouvé que le sinistre n'est pas de leur fait, **ne man-
quera pas de prétendre** *que sa responsabilité est limitée
par son contrat, et qu'il ne doit que la valeur locative* (?)
de la partie de la maison qu'il occupe. (J. O., Doc. parlem.
P. 2415.)

En résumé, si l'on recherche l'esprit du législateur du
Sénat, que ne contredit en aucune façon le texte de la
loi, sa théorie se dégage nettement comme suit :

Il y a lieu à responsabilité **totale** *pour le locataire,
lorsque l'incendie est* **son fait**; *et, en vertu de l'art. 1733,
il y a présomption suffisante que c'est* **son fait,** *quand il
est démontré directement ou indirectement que le feu a
commencé chez lui.*

Voici donc qui est clair et net. Soit que l'on s'attache
au sens littéral, au sens unique du texte, soit que l'on
recherche la pensée du législateur de la Chambre des
députés ou celle du législateur du Sénat, il y a un cas où
la solution n'est pas douteuse, où la responsabilité totale
du locataire est indiscutable : c'est le cas où il est démontré que l'incendie a commencé chez ce locataire, ou,
ce qui revient au même, le cas où tous les autres locataires ont démontré que l'incendie n'a pas pu commencer
chez eux.

Cette hypothèse étant ainsi écartée de la discussion,
que décider dans le cas où le doute, quant au point de
départ de l'incendie, plane simultanément sur quelques-
uns des locataires, le cas où deux ou plusieurs d'entre
eux n'ont pu faire la preuve que l'incendie n'a pas commencé chez eux ?

Supposons au contraire, dit à ce sujet M. Batbie (J. O.
du 25 mai 1882. Doc. parlem.), *que sur quatre, un seul
prouve que l'incendie n'a pas commencé chez lui. En quoi*

cela désigne-t-il celui des trois autres chez qui le feu a pris ? La preuve complète n'est faite à l'égard d'aucun des trois, et on ne peut les atteindre qu'en vertu d'une présomption. Or, c'est cette présomption, aboutissant à une responsabilité collective, qui est injuste, et que le paragraphe 1er condamne (en quoi l'honorable rapporteur se trompe absolument, ainsi qu'on le verra plus loin). *Le rapporteur de la Chambre des députés dit :* « *Il ne s'agit* « *pas d'une présomption, mais d'une preuve complète.* » *Oui, dans l'hypothèse qu'il a imaginée* (celle où trois locataires sur quatre ont démontré que le feu n'a pas commencé chez eux), **la preuve est faite et la solution n'est pas douteuse.** *Mais la question est de savoir si, à défaut de preuve complète, comme dans l'hypothèse que nous opposons à la sienne* (celle où un seul locataire sur quatre a démontré que le feu n'a pas commencé chez lui), *on maintiendra la présomption avec une responsabilité collective.*

Dans la solution de cette question, le Sénat a adopté la manière de voir de M. Batbie dont la pensée était *en principe* de supprimer l'action du propriétaire *pour le tout* contre la collectivité des locataires qui n'ont pu démontrer que l'incendie n'a pas commencé chez eux, en un mot *de réduire* dans certains cas l'action en recours du propriétaire. Mais lorsqu'on veut mettre en pratique la théorie imaginée par M. Batbie, on se heurte à des difficultés insurmontables provenant du caractère vague de la pensée et de la contradiction flagrante des principes.

Comment en effet déterminera-t-on la responsabilité des locataires, l'étendue du recours du propriétaire dans l'espèce qui nous occupe, dans l'hypothèse où sur plusieurs locataires occupant la maison, disons quatre, A, B, C, D, il en reste plusieurs, disons trois, B, C, D, qui n'ont pu faire la preuve que le feu n'a pas commencé chez eux?

Dira-t-on que chacun des locataires non exonérés ne sera responsable que des dégâts causés à l'appartement même qu'il occupe et jusqu'à concurrence de la valeur de cet appartement? Telle était évidemment à l'origine la pensée du législateur du Sénat qui fonde son argumentation sur le principe de l'article 1302, d'après lequel le débiteur répond uniquement du corps certain et déterminé qu'il détient en sa possession. Mais il est impossible de tirer cette conséquence des mots *proportionnellement à la valeur locative de la partie de l'immeuble qu'ils occupent,* qui sont restés dans le texte. Nous sommes obligés en effet de diviser une certaine masse de dommages suivant une certaine proportion qu'on doit établir sur la valeur locative (ou le loyer) de chaque appartement comparée à la valeur locative (ou la somme des loyers) de toute la maison. Or, en vertu de l'article 1302, il ne peut y avoir ni une certaine somme de dommages à faire, ni aucune proportion à établir ; chaque locataire devrait se prendre isolément, et répondrait de *tout* le dommage survenu *chez lui,* et ce, jusqu'à concurrence de la valeur totale *de la partie de l'immeuble qu'il occupe.*

Force nous est donc, malgré la prétendue suppression de la collectivité, de faire masse des dommages et d'en faire peser la charge sur *une collection* d'individus.

Mais alors surgit une autre difficulté. Quels sont les locataires que l'on va faire entrer en ligne de compte pour diviser entre eux le dommage suivant la proportion donnée ?

Voici une maison occupée par quatre locataires : A, qui paie un loyer de 4000 fr., B, un loyer de 3000 fr., C, un loyer de 2000 fr. et D, un loyer de 1000 fr. Un incendie se déclare, cause 3o.ooo fr. de dommage chez B, C et D, mais A n'est pas touché par le feu. Le point de départ de l'incendie est inconnu. B fait ultérieurement la preuve que le feu n'a pas commencé chez lui, en sorte que finalement C et D ont seuls à répondre de l'incendie.

Que vont-ils avoir à payer ?

Nous écartons naturellement la solution qui découle de la logique et de la lettre même du texte, solution qui consisterait à diviser la masse totale du dommage, soit 3o,ooo fr., entre les deux locataires qui sont effectivement responsables de l'incendie, et ce, proportionnellement à la valeur locative de la partie de l'immeuble qu'ils occupent. C et D payant des loyers dans la proportion de 2 à 1, C aurait à payer 20,000 fr. et D. 10,000 fr. Mais le propriétaire se trouverait ainsi intégralement indemnisé, et c'est ce que le Sénat ne veut pas.

Pour nous conformer à son esprit, nous allons donc diviser la dette entre ceux qui la doivent et ceux qui ne la doivent pas.

Mais ferons-nous entrer en ligne de compte tous les locataires, même ceux qui comme A n'ont pas même été atteints par le feu et qui par conséquent n'ont pas pu *pendant un seul instant de raison* être présumés les auteurs de l'incendie ? ou bien dira-t-on, pour rester au moins en deçà de la limite de l'absurde, qu'on ne prendra que ceux des locataires qui, ayant été touchés par le feu, peuvent à la rigueur être considérés comme s'étant trouvés *tous* pendant un instant de raison sous le coup de la présomption de faute ? On voit de suite combien le propriétaire est intéressé dans la question : dans le premier cas en effet, la part de C et D n'étant que de 6000 et 3000 fr., ensemble 9000 fr., il perdra 21,000 fr.; dans le second cas la part de C et D étant de 10,000 fr. et 5000 fr., il ne perdra que 15,000 fr.

Or il est impossible de déduire des termes de la loi laquelle de ces deux solutions est la vraie, par la raison que ni l'une ni l'autre n'en découle.

Bien mieux, l'application de la théorie du Sénat conduit à des conséquences en contradiction complète avec le principe que le législateur a pris pour point de départ, principe de l'article 1302, au nom duquel le débiteur d'un corps certain est tenu de l'objet tout entier qu'il détient, mais non au delà.

Supposons, en effet, une maison occupée par trois locataires, A qui paie un loyer de 10,000 fr., B un loyer de 5,000 fr., C un loyer de 2,500 fr. Le feu prend près de la cloison mitoyenne entre A et B, mais sans qu'on puisse savoir de quel côté, et il s'étend dans leurs deux appartements. C n'est touché par les flammes que d'une façon insignifiante. A, dont le loyer est de 10,000 fr. arrive à temps pour circonscrire l'incendie qui ne cause chez lui que pour 1000 fr. de dommage. B, au contraire, était loin de chez lui, le feu se développe dans tout son appartement et y cause pour 29,000 fr. de dommage. C démontre sans peine que le feu n'a pas commencé chez lui.

Comment allons-nous répartir la charge de ce dommage pour nous conformer à la pensée du Sénat? Divisant la dette aussi bien entre ceux qui la doivent que ceux qui ne la doivent pas, nous dirons :

Il y a 30,000 fr. de dommage. La proportion des loyers de A, B et C est celle de 3, 2, 1. Donc A aura à sa charge 15,000 fr., B 10,000 fr. et C 5,000. Mais C, qui est exonéré, ne paiera rien, et la part mise à sa charge sera perdue pour le propriétaire. En revanche A paiera les trois sixièmes du dommage, soit la moitié, quoique dans la partie de l'immeuble qu'il détient, il n'y ait que pour

1000 fr. de dégât; et B paiera deux sixièmes seulement du dommage, soit 10,000 fr., quoique dans la partie de l'immeuble qu'il détient, il y en ait pour 29,000 fr. Le locataire A va payer la plus grande partie du dommage survenu chez son voisin; le locataire B va ne payer qu'une faible partie du dommage survenu chez lui. Le propriétaire, il est vrai, perdra une partie de la réparation qui lui est due comme *bailleur d'un corps certain*. Tout cela au nom de la logique et des principes !

Voilà assurément un résultat inattendu.

« Mais, nous a-t-on répondu, vous auriez pu ima-
« giner une hypothèse du même genre et vous auriez ren-
« contré une anomalie semblable, dans le système de la
« Chambre des députés. Ainsi, dans l'exemple que vous
« proposez, A aurait eu à payer trois cinquièmes, soit
« 12,000 fr. Le propriétaire n'aurait rien perdu, c'est vrai ;
« mais A aurait encore payé 18,000 fr. pour 1,000 fr.
« et B 12,000 fr. seulement pour 29,000 fr. de dommage. »

Sans doute ; mais, dans le système de la Chambre des députés, la solution, outre qu'elle est équitable, est parfaitement conforme au principe posé. Dans ce système, en effet, les locataires *non exonérés* doivent *collectivement* au propriétaire la réparation de tout le dommage causé à son immeuble. Seulement, ils ne doivent plus cette réparation *solidairement,* c'est-à-dire que le propriétaire ne peut plus s'adresser à un seul pour le tout, demander à l'un la part de l'autre : chacun ne doit qu'une part déterminée du tout, et dans la fixation de cette part, le législateur apporte un tempérament à la théorie rationnelle, mais rigoureuse, qui fait peser la présomption sur chacun à *titre égal.* Soit qu'il suppose que l'occupant d'un nombre de pièces plus considérable est plus exposé à mettre le feu; soit bien plutôt qu'il estime que, en présence de plusieurs responsables frappés en vertu d'une simple présomption, il est équitable de faire peser plus lourdement le poids de cette responsabilité sur ceux qui, ayant accepté un loyer plus fort, possèdent une fortune plus considérable; pour une raison ou pour l'autre, mais dans la plénitude de son pouvoir, il fixe la part de chacun suivant une règle proportionnelle.

Si donc, dans l'hypothèse donnée, A, dont le loyer est de 3000 fr., paie trois cinquièmes du dommage total et B, dont le loyer est de 2000 fr., n'en paie que les deux cinquièmes, cette répartition est bien l'application correcte du principe posé par le législateur, à savoir que les locataires qui n'ont pu faire la preuve que le feu n'a pas commencé chez eux, doivent supporter, chacun en raison de l'importance de son loyer, la réparation de ces dommages dont la totalité est *due collectivement et en vertu d'une même présomption* par eux tous. Et il est impossible de dire que cette conclusion ne soit pas en tous points conforme aux prémisses.

Relevons encore une autre inconséquence dans la théorie du Sénat. A cet effet, supposons une maison de 60,000 fr. occupée par trois locataires, A qui paie un loyer de 6000 fr. B, un loyer de 4000 fr. et C un loyer de 2000 fr. Le feu prend, se répand dans les trois appartements, et cause pour 30,000 fr. de dommage.

Quand on recherche la cause de l'incendie, A réussit seul à prouver que l'incendie n'a pu commencer chez lui: B et C, qui ne peuvent s'exonérer, restent seuls responsables. Néanmoins, nous divisons la dette entre les trois locataires: la part de B est de 10,000 fr.; celle de C de 5000 fr., ensemble 15,000 fr. ou la moitié des dommages. Supposons maintenant qu'au lieu d'avoir été simplement endommagée, la maison ait été entièrement détruite. La part de B eût été des deux tiers du dommage total, soit 20,000 fr., celle de C de un tiers, soit de 10,000 fr., ensemble 30,000 fr. C'est-à-dire que, en vertu de leur qualité seule de locataires, en dehors de toute preuve directe obtenue contre eux, ils peuvent être responsables vis-à-vis du propriétaire jusqu'à concurrence d'une somme de 30,000 fr. Par quelle contradiction dès lors, quand le dommage total ne s'élève qu'à 30,000 fr., que d'ailleurs la présomption de faute contre B et C est exactement la même, par quelle contradiction ne pas demander à B 20,000 fr. et à C 10,000 fr., ensemble 30,000 fr., somme jusqu'à concurrence de laquelle vous admettez qu'ils peuvent être tenus en vertu de leur qualité seule de locataires ? Quelle raison invoquer, si ce n'est que vous voulez avant tout que le propriétaire ne soit pas indemnisé ?

Voici encore une autre inconséquence que nous demandons la permission de relever. Elle est d'autant plus frappante qu'elle est commise au nom de la logique, et précisément sous le prétexte de corriger dans le projet de loi de la Chambre des députés une soi-disant inconséquence du même genre.

En effet, nous avons vu que la théorie du Sénat est la suivante : *Quand le point de départ de l'incendie est déterminé, le fait seul que le feu a commencé chez un locataire suffit pour établir contre lui et au regard de son propriétaire une présomption de faute qui le rend responsable de la totalité des dommages. Quand au contraire on ne sait pas chez qui le feu a pris, l'indétermination du point de départ de l'incendie ne permet pas de faire peser une présomption de faute sur chacun des locataires, car il est clair que, si l'un d'eux est l'auteur de l'incendie, les autres sont complètement innocents.*

Or, le rapporteur de la Commission du Sénat, se méprenant d'ailleurs complètement sur la pensée de la

Chambre des députés, ainsi qu'on le verra plus loin, et croyant que celle-ci avait voulu supprimer le caractère collectif de la responsabilité, tandis qu'elle ne touchait qu'à la solidarité, le rapporteur de la Commission du Sénat lui reproche de ne prendre *qu'une demi-mesure, de ne pas être conséquente,* en laissant subsister une partie de l'injustice qui la choque. Nous citons les termes du rapport : *Ainsi la nouvelle rédaction fera rentrer complètement l'article 1734 dans* **l'application des principes,** *tandis que la rédaction adoptée par la Chambre laisse subsister une portion de l'injustice à laquelle on s'était proposé de porter remède.* (J. O. du 25 mai 1882. Rapport.) *On a reconnu qu'il était injuste d'établir cette responsabilité collective.* **Mais alors il fallait aller jusqu'au bout.** *Si cette responsabilité collective est injuste, s'il faut la supprimer,* **supprimez-la complètement.** *Or le projet tel qu'il est sorti des délibérations de la Chambre des députés, avait pour conséquence de garder quelque chose de la solidarité*(?). *Il faut la supprimer ou la garder tout entière. Mais puisque la solidarité est injuste, il ne faut en rien garder,* **parce que je ne comprendrais pas qu'à titre de transaction on conservât, même partiellement, une disposition inique et reconnue telle.** (J. O. du 24 mai 1882. Discussion.)

Mais alors, si vous trouvez qu'il est injuste de faire peser une présomption de faute sur ceux des locataires contre lesquels le propriétaire ne peut pas faire la preuve que le feu a commencé chez eux, pourquoi *n'allez-vous pas vous-même jusqu'au bout ?*

Pourquoi ne *supprimez-vous pas complètement* leur responsabilité ? Ainsi faisait Pothier, qu'on cite quelquefois comme un bon esprit. Que si trouvant injuste de faire payer à chacun des locataires qui n'ont pu s'exonérer une part du dommage telle que la somme de toutes ces parts égale le dommage total, et cela par la raison que vous frapperez nécessairement des innocents ; que si cependant vous laissez subsister une partie de cette présomption, et faites payer à ces mêmes innocents une part quelconque, moindre il est vrai, mais calculée Dieu sait comme ! en agissant ainsi, *vous laissez subsister une portion de l'injustice,* et vous admettez très bien, paraît-il, *qu'à titre de transaction on conserve partiellement une disposition inique et reconnue telle.*

Plus loin, nous lisons dans le rapport précité :

La Chambre vous a proposé une solution qui est juste : la modification que nous vous proposons d'adopter a pour objet de la rendre plus conforme encore à la justice. **Ne craignez pas d'adopter une innovation téméraire :** *nous ne l'avons modifiée que pour la rendre plus conforme encore à* **l'équité et aux principes.**

En effet, au nom de *l'équité* on fait perdre au propriétaire une partie de l'indemnité, parce qu'au lieu d'un locataire négligent et surveillant mal les locaux qui lui ont été confiés, il en a deux ou plusieurs aussi fautifs ; et au nom **des principes,** au nom des articles 1732 et 1302 qui, s'appliquant au locataire comme débiteur d'un corps certain, le rendent responsable au moins de toute la chose en sa possession, vous arrivez à faire payer à l'un, comme nous l'avons vu tout à l'heure, la presque totalité du dommage survenu dans l'appartement de son voisin ; et à ce voisin une faible portion seulement du dommage survenu dans son propre appartement.

Enfin ce système qui n'est autre que celui que nous avons exposé dans la première partie de ce travail, quoique appliqué seulement dans une hypothèse, celle où le point de départ de l'incendie reste indéterminé, ce système encourt exactement les mêmes critiques au point de vue de l'inconséquence, de la violation des principes et de l'immoralité.

On s'explique facilement du reste tous les défauts de cette loi quand on songe avec quelle précipitation l'affaire a été menée au Sénat.

Non seulement aucune personne ayant des connaissances spéciales en cette matière délicate, aucun directeur de compagnie d'assurance n'a été consulté au préalable, mais encore il a été impossible de présenter quelques observations *à temps*. En effet, le rapport fait au nom de la Commission, et dont la publication pouvait seule donner l'éveil au public convaincu que le sage projet de loi de la Chambre serait adopté sans la moindre hésitation, n'a paru dans les annexes du *Journal officiel* que le 25 mai 1882, c'est-à-dire *le lendemain* du jour où avait paru la discussion au Sénat. Bien plus, il ressort clairement de cette discussion que, sauf une ou deux personnes, le petit nombre de membres qui se sont occupés de la question n'avaient que des notions absolument erronées sur la matière. Ainsi, que l'on veuille bien se reporter au *Journal officiel* du 24 mai 1882 ; M. Robert de Massy, combattant la modification proposée par la commission, a dit un instant auparavant : *Messieurs, je n'ai qu'un mot à répondre : on fait beaucoup d'équité au profit des locataires, on oublie tout à fait le propriétaire.* M. Batbie réplique alors : *Je dois faire observer que le recours qui est fondé sur l'article 1734 du C. C. n'est pas ordinairement exercé par le propriétaire, mais par la Compagnie d'assurance. Le propriétaire cède aux compagnies son recours contre les locataires. Il est naturel que cette cession ait lieu :* **Ce sera pour le propriétaire assuré un moyen d'obtenir une réduction de prime ; car le risque étant**

moindre pour les compagnies, il arrivera nécessairement que la prime sera moins élevée.

Or, c'est exactement le contraire. Les droits en lesquels le propriétaire subrogera son assureur étant diminués ou devenant illusoires, cet assureur sera obligé de compenser par une augmentation de prime l'aggravation du risque qu'il court. Comme, d'autre part, l'assureur du risque locatif, alléguant qu'il est exposé à payer la même indemnité qu'autrefois, si la faute du locataire est prouvée, ne trouvera pas de motifs suffisants de consentir une réduction de tarifs, il en résulterait (chose bizarre) une aggravation générale des charges d'assurance aux dépens de la masse des assurés, alors que l'origine du débat soulevé en 1878 par quelques esprits légers ou peu sérieux n'a été, il faut bien le reconnaître, qu'une animosité puérile contre les Compagnies d'assurance, cette institution qui, sous toutes ses formes, assurance contre l'incendie, contre les accidents, etc., ou sur la vie, mutuelle ou à prime fixe, est une des conceptions les plus fécondes et les plus bienfaisantes des temps modernes.

Oui, le système de la Chambre des députés est parfaitement logique et conséquent avec lui-même; et tout le mal vient de ce que le Sénat a mal compris ce système, si claire qu'en fût l'expression.

Le Sénat a cru que la Chambre, en remplaçant le mot *solidairement* par l'expression *proportionnellement à la valeur locative de la partie de l'immeuble qu'ils occupent*, entendait fixer, en principe, une quotité de dommage, un chiffre maximum au-delà duquel un locataire quelconque d'une maison divisée en plusieurs locations ne pourrait dans aucun cas être tenu; tandis qu'elle a simplement déterminé la proportion dans laquelle on pourrait recourir contre chaque locataire *responsable* pour sa part dans le *dommage total à rembourser au propriétaire*. Le Sénat a lu le texte adopté par la Chambre des députés comme s'il était ainsi conçu : *Si une maison est divisée en plusieurs locations, chaque locataire n'est tenu de l'incendie que jusqu'à concurrence de la valeur de la portion de l'immeuble qu'il occupe*. Une fois parti de cette donnée fausse, on était fondé à dire comme fait l'honorable M. Batbie : *La majorité de votre commission a été d'avis que la deuxième modification* (celle qui consiste à ajouter à la fin du § 3 : Et les autres répondent du tout dans la proportion indiquée au § 1 du présent article) *ne serait pas en harmonie avec l'esprit de la première. S'il est juste que la responsabilité en cas d'incendie soit limitée à une part corrélative à la valeur locative, pourquoi cette part serait-elle augmentée par l'exonération de un ou de plusieurs locataires? Ce serait rentrer dans l'obligation* « in solidum » *après l'avoir condamnée et y avoir substitué l'obligation* « pro ratâ parte ».

Aussi la Commission vous propose-t-elle de limiter la modification de l'art. 1734 à ce premier paragraphe.

Les locataires, à moins que la faute de l'un d'eux ne soit démontrée, ne pourraient être tenus qu'en vertu d'une présomption qu'on n'a pas trouvé juste de maintenir, et **d'une responsabilité collective qu'on a été d'avis de supprimer.** *La proposition,* **selon nous,** *retombe par ce dernier paragraphe dans la responsabilité collective* **que le premier abroge...** (J. O. du 25 mai 1882. Doc. parl.)

On a reconnu qu'il était injuste d'établir cette responsabilité collective. *Mais alors il faut aller jusqu'au bout. Si cette responsabilité collective est injuste, s'il faut la supprimer, abrogez-la complètement.* (J. Off. du 24 mai 1882.)

Sans doute, si par le § 1 de son projet de loi : *S'il y a plusieurs locataires, tous sont responsables de l'incendie proportionnellement à la valeur locative de la partie de l'immeuble qu'ils occupent,* rédaction maintenue d'ailleurs par le Sénat, la Chambre avait pu vouloir poser en principe général que le locataire d'une maison divisée en plusieurs locations ne peut être tenu d'autre chose que du dommage causé aux parties de l'immeuble occupées par lui, ou encore (ce qui *seul* serait pratiquement possible), que la responsabilité de chaque locataire est limitée d'avance à un *chiffre maximum* ne pouvant jamais dépasser une portion de la valeur totale de l'immeuble, portion d'autant plus faible que la maison sera divisée en un plus grand nombre de locations ; si telle eût été la pensée du législateur, il est clair que le § 3 : *Ou que quelques-uns ne prouvent que l'incendie n'a pu commencer chez eux, auquel cas ceux-là n'en sont pas tenus, et les autres répondent du tout dans la proportion indiquée au § 1 du présent article,* il est clair, disons-nous, que ce paragraphe serait en contradiction avec le premier. On pourrait dire avec raison que c'est augmenter la part de responsabilité des uns par l'exonération des autres.

Mais ce n'est nullement là le principe que la Chambre des députés a posé dans son texte si clair. Le législateur a uniquement remplacé le mot *solidairement* par l'expression *proportionnellement à la valeur locative de la partie de l'immeuble qu'ils occupent.* Il n'a pas supprimé la responsabilité collective ; les termes qu'il continue à employer la maintiennent au contraire formellement : *Tous sont responsables.* Il n'a modifié que l'*obligation solidaire* des locataires devenus débiteurs *conjoints.* De même que, dans le texte du Code civil, le mot *solidairement* ne faisait que régler de quelle manière la réparation totale du dommage causé au propriétaire

par l'incendie pouvait être réclamée aux locataires *défini-*
vement responsables, de même le texte proposé par la
Chambre des députés ne fait que déterminer par une
règle proportionnelle la portion du dommage total qui
peut être réclamée à chacun des locataires *définitivement*
et conjointement responsables du tout.

L'obligation solidaire, cette solidarité qui seule était
contraire à la nature des choses, qui seule a provoqué
la critique des auteurs, cette solidarité qui permettait au
propriétaire de poursuivre un quelconque des locataires
pour le tout et de lui réclamer ainsi la part des autres, a
été remplacée par une obligation conjointe. Les locataires
définitivement responsables, restent conjointement responsables du tout, ce qui est juste, puisque qu'aucun
d'eux n'a pu s'exonérer de la présomption de faute établie
par l'article 1733 ; mais chacun d'eux ne peut être pour-
suivi personnellement que pour une part proportionnelle
du tout, ce qui est juste aussi, puisque la présomption
d'une seule et même faute, pesant à la fois sur plusieurs,
est moins forte contre chacun pris individuellement.

Si l'un des responsables ne peut pas payer sa part,
cette perte retombe sur le propriétaire, ce qui est encore
juste, car le propriétaire ne peut s'en prendre qu'à lui-
même d'avoir choisi un locataire insolvable.

En conséquence, quand il y a plusieurs locataires qui
ne peuvent faire la preuve que le feu n'a pas commencé
chez eux, il n'est pas possible de dire qu'en leur deman-
dant le tout, on fait retomber la part de responsabilité
des autres sur eux : les autres n'encouraient aucune responsabilité et n'ont jamais *rien dû*, puisqu'il est démontré que le feu n'a pas commencé chez eux. Il ne s'agit pas
en effet, nous le répétons, d'une responsabilité fixée
irrévocablement pour tous par le fait seul de l'incendie,
mais d'une responsabilité fixée postérieurement par la

preuve que quelques-uns font ou par l'impossibilité où sont quelques-uns de faire cette preuve. La responsabilité une fois fixée ne s'en divise pas moins ; mais au lieu de se diviser entre tous, elle ne se divise qu'entre ceux qui l'encourent.

Dans le système de la Chambre des députés, dites-vous, on *augmente* la part de responsabilité des uns de la part de responsabilité des autres.

Ce raisonnement est absolument faux ; et pour en avoir la preuve tangible, il suffit de l'appliquer à une espèce analogue, à celle des héritiers entre lesquels la dette du *de cujus* se divise tout d'abord, sauf modification postérieure de la qualité d'héritier ; de même que, dans notre espèce, la dette se divise tout d'abord au moment de l'incendie entre tous les locataires, sauf modification postérieure de la responsabilité.

Direz-vous, en effet, quand l'un des héritiers se trouve frappé d'une incapacité qui se révèle après coup, ou mieux encore, quand il plaît à l'un d'eux de renoncer par la suite à la succession, direz-vous que la part de la dette originaire qui lui incombait sera perdue pour le créancier, sous prétexte qu'en la réclamant à ceux qui demeurent seuls héritiers, vous **augmenteriez** la part immuable que la loi met à leur charge en leur qualité d'héritiers ?

Assurément non ; car vous sentez bien que celui qui renonce est, tout comme l'incapable, supposé n'avoir jamais été héritier, que les autres sont supposés avoir toujours été seuls héritiers ; et qu'on ne peut pas prétendre que la part de ceux-ci se trouve *augmentée* de la part du premier, d'une part qui n'existe pas, puisque la qualité d'héritier, qui seule pouvait la produire, n'existe pas.

Une fiction ne se conçoit que si elle est consistante

avec elle-même. Or, vous ne pouvez pas supposer qu'une responsabilité n'a jamais existé ni pu produire aucun effet à l'avantage du propriétaire, et supposer *en même temps* que cette même responsabilité existe, et n'a pas cessé d'exister, pour produire des effets à l'avantage des locataires et au détriment du propriétaire. Si vous faisiez passer une partie de la dette du *de cujus* à d'autres que ceux que la loi suppose avoir toujours été seuls héritiers, vous diviseriez sa dette tant entre ses ayants droit qu'entre des personnes étrangères, et vous commettriez une absurdité. Comment donc serait-il plus raisonnable de diviser la responsabilité de l'incendie tant entre ceux qui sont responsables qu'entre ceux qui ne le sont pas, et qui démontrent qu'ils ont toujours été étrangers au fait d'incendie ; à la différence même de l'héritier renonçant qui, au moment du décès, avait bien la qualité d'héritier, et à la renonciation duquel la fiction légale et rationnelle doit donner un effet rétroactif ?

La confusion qui s'est opérée dans l'esprit du Sénat provient de ce que le premier paragraphe du projet de loi de la Chambre des députés : *S'il y a plusieurs locataires, tous sont responsables de l'incendie proportionnellement à la valeur locative de la partie de l'immeuble qu'ils occupent,* vise le cas où aucun des locataires n'ayant pu s'exonérer en faisant les preuves voulues, *tous* sont responsables vis-à-vis du propriétaire ; et de ce que, dans ce cas, la part de chacun n'excède pas une portion du dommage total proportionnelle à la valeur locative de l'appartement occupé par lui ; exactement comme il arriverait en vertu du principe que, *dans aucun cas,* la part de responsabilité d'un locataire quelconque ne saurait s'étendre au dommage total, et que la fraction qui lui en incombe, ne peut dépasser, en supposant la maison totalement détruite, une portion de la valeur totale de cette maison proportionnelle à la valeur locative de son appartement.

Ainsi, *dans ce cas particulier,* la même solution découle de deux principes distincts ; et le Sénat est remonté à celui des deux qui n'est pas celui qu'a posé et adopté la Chambre des députés.

Cela ressort jusqu'à l'évidence de la lecture de l'ensemble du texte, aussi bien que des termes employés par M. Durand, tant dans son rapport qu'au cours de la discussion.

Cela ressort de l'ensemble du texte.

En effet, sans parler de la dernière phrase du § 3 qui précise si nettement la pensée, ce texte n'établit-il pas positivement le caractère collectif de la responsabilité, quand il dit : *Tous sont responsables...* et non pas : *La responsabilité de chacun est limitée à...* De plus, l'idée de parts proportionnelles n'est-elle pas exclusive de l'idée de dettes distinctes et simplement co-existantes ? car, dans ce dernier cas, il ne saurait être question de division, la dette de chacun étant tout à fait indépendante de l'étendue totale du dommage.

Cela résulte des termes employés par M. Durand.

Nous avons déjà cité l'exposé des motifs qui est aussi formel que possible : *En principe et à priori, quand la cause d'un incendie n'est pas connue, tous les locataires sont présumés en faute. Lorsque l'un d'eux établit qu'il ne l'est pas, la présomption ne peut que se reporter tout entière sur les autres ; et c'est dès lors sur eux aussi que doit retomber d'autant la responsabilité.* (J. O. du 7 mars 1881, et J. des Assurances, T. xxxi, p. 125.) N'est-ce pas dire expressément ce que nous avons déjà établi plusieurs fois ? à savoir, que la responsabilité ne se fixe pas *à l'ins-*

tant du sinistre par la qualité **seule** de locataire pour être réglée par elle **seule**.

Elle se fixe *postérieurement,* par la présomption de faute *qui reste attachée* à ceux qui n'ont pas pu la détruire, et c'est seulement entre ceux sur qui cette présomption *continue* à peser ainsi *collectivement* que la responsabilité se divise, en raison de leur nombre et de l'importance de leurs loyers respectifs.

L'inconséquence, que le Sénat a cru voir dans le projet de loi de la Chambre des députés, n'existait donc en aucune façon. Ce projet de loi modifiait purement et simplement *la nature* de l'obligation collective des locataires, en substituant l'obligation *conjointe* à l'obligation *solidaire* des locataires responsables. De même que, sous l'empire du texte adopté par les illustres auteurs du Code Napoléon, le caractère de solidarité donné à l'obligation des responsables *n'étendait pas* le montant de l'indemnité due au propriétaire pour la réparation du dommage ; de même, dans le nouveau texte, la division proportionnelle de l'obligation entre les co-débiteurs *ne restreint pas* le montant total de l'indemnité due en réparation du même dommage. La phrase : *Et les autres répondent du tout dans la proportion indiquée au § 1 du présent article,* ne servait qu'à formuler une conclusion nécessaire, à préciser une conséquence inévitable ; à tel point que la suppression qui en a été faite par le Sénat ne saurait modifier ni le sens ni la portée du texte.

L'inconséquence, c'est dans la théorie seule du Sénat qu'il faut la chercher.

N'est-ce pas en effet le même législateur qui, combattant en principe la collectivité de l'obligation, la prend pourtant pour base de son calcul ?

Voici une maison occupée par trois locataires ; le feu

prend on ne sait chez lequel et se répand dans les trois appartements, mais en causant dans chacun, des dommages très inégaux. Comment procédez-vous ? Vous faites *la masse totale* des dommages, puis vous la repartissez en entier entre les trois locataires suivant une proportion donnée, qui est tout à fait indépendante de l'étendue du dommage souffert par la chose personnelle de chacun. N'est-ce pas là l'essence même de la collectivité ?

N'est-ce pas vous qui vous contredisez quand, après avoir conservé dans votre paragraphe premier les termes qui établissent formellement la collectivité : *Tous sont responsables...* vous voulez que cette collectivité soit détruite par votre troisième paragraphe, *que vous faites absolument muet* sur la nature de l'obligation.

N'est-ce pas enfin le même législateur qui, après avoir proclamé combien c'est chose grave et délicate que de toucher à un texte de loi en vigueur depuis quatre-vingts ans, et dont la jurisprudence a élucidé et fixé toutes les conséquences, n'est-ce pas le même législateur qui, non content de supprimer la solidarité, que l'expérience avait condamnée sans conteste, vient toucher du même coup et de gaieté de cœur à une disposition juste et rationnelle, à savoir : le caractère collectif de l'obligation, disposition contre laquelle la même expérience de près d'un siècle n'avait soulevé aucune critique sérieuse, tant en théorie qu'en pratique ?

Nous terminerons cette critique des théories et des arguments de M. Batbie par la justification aussi bien du législateur originaire du Code Civil que du législateur de la Chambre des députés, auxquels l'honorable rapporteur de la commission du Sénat reproche indirectement d'avoir violé les principes généraux du droit en étendant la responsabilité du locataire aux parties *de la même maison* occupées par d'autres locataires. Il suffit, pour se convaincre du bien fondé et de la sagesse des dispositions prises par le législateur, de bien suivre la marche de sa pensée.

Il commence par poser dans les articles 1302 et 1732 les principes généraux de la responsabilité du débiteur d'un corps certain et du preneur à bail. Puis il considère dans les articles 1733 et 1734 une espèce particulière de perte et de dégradation, *le dommage d'incendie,* qui par sa nature diffère essentiellement des autres dégradations. En effet le feu s'étend rapidement et par la force même des choses au delà du point d'origine ; souvent même, comme dans le cas quotidien de feu de cheminée, les dommages portent **en entier** sur des appartements séparés par plusieurs étages de celui que la cheminée dessert. La séparation des appartements d'une même maison entre eux est nécessairement légère, la contiguïté en est absolue, leur superposition oblige en quelque sorte la flamme, qui tend toujours à monter, à passer de l'un à l'autre. Les appartements voisins diffèrent en cela *des maisons voisines,* à la situation desquelles on a voulu assimiler les appartements d'une même maison, et qui sont, par essence, isolées soit par des espaces vides, soit par de puissants murs mitoyens qui opposent un obstacle presque insurmontable à la communication du feu.

Le législateur était donc forcé, du moment qu'il admettait la présomption de faute du locataire en matière d'incendie, d'étendre sa responsabilité aux conséquences nécessaires de l'incendie.

Mais ce que le législateur, en limitant les moyens d'exonération des locataires, en étendant leur responsabilité, en la rendant collective, a eu en vue plus encore que la nature même du quasi-délit et de ses con-séquences, ç'a été l'infériorité dans laquelle se trouve le propriétaire vis-à-vis de ses locataires en matière de preuve.

En effet, ces locataires, qui sont responsables envers lui de sa maison qu'il leur a confiée solennellement, dont il leur a imposé la garde qui lui devient interdite à lui-même, ces locataires, qui sont ses adversaires le jour de la reddition de comptes, sont les seuls témoins dont il puisse attendre les moyens de la preuve à fournir contre eux. Le témoignage des intéressés est son unique res-source, en sorte qu'il est bien exact de dire que mettre la preuve à la charge du propriétaire, c'est la lui rendre impossible. Si la cause du feu, si la faute de l'un des locataires est à la connaissance des autres (et ceux-ci sont seuls placés pour la connaître), il leur suffira *de se taire* pour faire perdre au propriétaire une partie de l'indem-nité à laquelle il a droit.

Si la cause et le point de départ de l'incendie sont ignorés d'eux-mêmes, l'intérêt commun des locataires amènera nécessairement, ainsi que nous l'avons déjà démontré plus haut, une collusion dont l'effet sera égale-ment de diminuer ou de rendre illusoire la réparation due au propriétaire.

Et voilà pourquoi, si ces colocataires d'une même maison, *entre lesquels aucun lien de droit n'existe, qui ne se sont rien remis en garde les uns aux autres, entre lesquels toute collusion est impossible quand ils ont à se réclamer mutuellement des indemnités,* ont toujours été considérés dans leurs rapports entre eux, respec-tivement et *personnellement,* comme des voisins, de telle sorte que la réparation du dommage causé au mobilier de l'un d'eux par l'incendie, qui a commencé chez l'autre, ne peut être réclamée à ce dernier que si sa faute est prouvée, voilà pourquoi l'auteur présumé de l'incendie n'en est pas moins responsable vis-à-vis *de son propriétaire* du dommage communiqué aux autres parties *du même* immeuble non occupées par lui sans doute, mais appartenant à *son* propriétaire, au propriétaire de la maison, *de ce tout* dont il détient une portion.

Et si ceux qui n'ont pu s'exonérer sont collectivement responsables de tout le dommage vis-à-vis du propriétaire, ce n'est pas en raison de l'obligation qu'ils pourraient avoir de surveiller leurs colocataires. On ne les punit point de ne pas pouvoir prouver la faute de leur voisin: on leur reproche uniquement de n'avoir pas suffisamment surveillé leur propre local et de s'être mis dans l'impossibilité de se disculper d'une négligence grave, dont les conséquences devaient, par l'essence même du sinistre, s'étendre bien au delà du point de départ de l'incendie causé par elle. L'art. 1734 ne demande aux locataires que de prouver ce qui s'est passé, ou a pu se passer dans leur propre appartement, et non au delà: il les exonère de toute responsabilité, s'ils démontrent seulement que *l'incendie n'a pu commencer chez eux.* L'art. 1734 ne demande aux locataires rien que de raisonnable: il ne fait peser sur eux qu'une responsabilité juste en droit et forcée en logique.

TROISIÈME PARTIE

RÉSUMÉ — CONCLUSION

L'article 1734 interprété suivant son sens naturel et littéral n'est que le développement et la conséquence logique de l'article 1733 et du principe fondamental qu'il pose. Si au contraire on veut s'appuyer, en dehors du texte, sur les principes indiqués par un législateur ou sur les conséquences, tout erronées qu'elles soient, qu'il en tire, il se trouve : ou que l'article 1734 vient contredire immédiatement l'article 1733 qui le précède et que le législateur a proclamé intégralement maintenu; ou qu'à la théorie que cet article formule, il en substitue une nouvelle, toute de fantaisie, qui est de plus en contradiction avec elle-même, et conduit dans son application à des résultats inadmissibles.

L'article 1734 vient contredire immédiatement l'article 1733 qui le précède et que le législateur a proclamé intégralement maintenu, si au nom des principes généraux sur lesquels l'honorable rapporteur du Sénat a fondé son argumentation, on prétend que la responsabilité, en cas d'incendie, du locataire d'une maison divisée en plusieurs locations ne s'étend pas à la totalité du dommage causé à cette maison.

En effet l'article 1733 établit formellement la présomption de faute, c'est-à-dire l'obligation pour le *locataire* de réparer le dommage causé à *son* propriétaire par l'incendie dont il est présumé l'auteur. Or *son proprié- taire,* c'est le propriétaire de la maison tout entière. Cette qualité de propriétaire, cette personnalité juridique est aussi indivisible que la maison elle-même, ce *tout complet* dont nous considérons une partie; et il est impossible de soutenir qu'un seul et même fait puisse être considéré en même temps comme étant une faute et comme n'étant pas une faute de la part d'une même personne juridique à l'encontre d'une même personne juridique. La raison conçoit qu'un même individu propriétaire de deux maisons contiguës se dédouble en deux personnes morales distinctes : les locataires de l'une de ces maisons ne sont locataires que de la personne morale propriétaire de celui des immeubles dont ils occupent une portion. De même le propriétaire habitant lui-même une partie de sa maison constitue, comme propriétaire de son propre mobilier, une personnalité toute distincte de celle du propriétaire de la maison. Mais il est impossible de dire que le propriétaire *du tout* soit une personne différente du propriétaire *de la partie.*

L'article 1733 établit donc positivement la responsabilité du locataire pour *tout* le dommage causé *à la maison de son* propriétaire.

En outre, avons-nous dit, l'article 1734 nouveau appliquerait faussement le principe sur lequel il est supposé fondé, aussi bien dans le système absolu que nous avons combattu dans la première partie de ce travail, que dans le système mitigé développé par le rapporteur de la Commission du Sénat.

Dans le système absolu qui consiste à dire que tout locataire, même celui chez qui il est démontré que le feu a pris, ne peut jamais être tenu (à moins de preuve directe de faute, bien entendu) que d'une portion du montant total du dommage (quelle qu'en soit l'étendue), portion proportionnelle à la valeur locative de la partie de l'immeuble qu'il occupe, dans ce système, c'est l'absurde qui domine. Sans parler des conséquences de fait inadmissibles ou immorales sur lesquelles nous nous sommes déjà étendu, le procédé de calcul sur lequel il repose ne peut pas se concevoir, puisqu'il n'est pas possible de concevoir qu'on divise en même temps une dette entre ceux qui la doivent et ceux qui ne la doivent pas.

Quand une seule et même cause fait naître une obligation qui porte, en même temps et au même titre, sur une *collection d'individus,* la raison ne peut concevoir que deux manières de diviser cette dette et cette responsabilité. Tous ceux sur qui la responsabilité porte *réellement et définitivement,* doivent collectivement *le montant total de la dette,* chacun pour sa part et portion proportionnelle. Mais cette part et portion, ou bien est due par chacun *in infinitum* (ce qui n'est pas la même chose que *solidairement*); ou bien elle ne peut être réclamée à chacun que jusqu'à concurrence d'un chiffre maximum préfix, auquel la responsabilité de chacun a été antérieurement limitée.

Le premier cas est celui des cohéritiers sur lesquels le décès de leur auteur fait passer son obligation.

Le second est celui des actionnaires d'une Société anonyme entre qui la dette commune se divise proportionnellement au nombre d'actions qu'ils possèdent, sans qu'on puisse rien réclamer à chacun au delà du montant de son apport. Mais, faire peser le montant total de la dette sur une collection d'individus que vous considérez comme tous responsables à cet effet ; puis, aussitôt que vous avez divisé cette dette totale entre tous, cesser d'en considérer quelques-uns comme responsables à l'effet de ne pas leur réclamer la part qui leur a été assignée, c'est une monstruosité : c'est comme si vous divisiez la dette d'une Société anonyme entre tous les porteurs d'actions qui étaient titulaires au moment où la dette est née, puis, qu'au moment d'en réclamer le paiement, vous portiez en perte la part assignée originairement aux titulaires qui ont cédé leurs actions aux autres dans l'intervalle, sans réclamer cette part à leurs acquéreurs.

Comment concilier d'ailleurs le nouvel article 1734 ainsi interprété avec les articles 1302, 1732, qui ne sont pas abrogés et qui rendent le locataire responsable au moins de la totalité des locaux qu'il occupe ?

Comment concilier le § 1 qui établit formellement la collectivité : *tous sont responsables......* avec la prétention de supprimer cette collectivité au nom du § 3 qui n'en dit pas un mot ?

Quant au système mitigé du législateur du Sénat, système qui admet la responsabilité *in infinitum* du locataire chez lequel il est démontré que l'incendie a commencé, mais qui limite la réparation due au propriétaire dans le cas de responsabilité partagée entre plusieurs locataires, ce système mitigé encourt toutes les critiques qui rendent l'autre inadmissible, puisqu'il le reproduit, quoique d'une façon moins générale. Mais en outre il est bien plus fertile en contradictions.

Comment pouvez-vous trouver juste, d'un côté, que si tous les locataires *moins un* ont prouvé que le feu n'a point commencé chez eux, celui-là soit responsable vis-à-vis du propriétaire de tout le dommage causé à son immeuble par cet incendie *dont la cause est d'ailleurs inconnue,* et d'un autre côté trouver injuste que, si tous les locataires *moins deux* se sont exonérés, le propriétaire puisse réclamer à ces deux-là le montant total du dommage à lui causé, alors même qu'il ne réclame à chacun des deux personnellement qu'une portion proportionnelle du tout, parce que la présomption d'une seule et même faute, pesant à la fois sur eux deux, pèse moins fort sur chacun pris isolément? Ce serait, dites-vous, faire retomber arbitrairement sur les uns la part de responsabilité des autres. Nous avons suffisamment démontré tout à l'heure combien cette proposition est inexacte. Non, le système que nous défendons n'a pas pour effet de punir les uns de ce que les autres échappent à la responsabilité; mais en revanche, le vôtre a pour effet de punir le propriétaire de ce qu'au lieu de n'avoir qu'un débiteur, il en a deux.

En résumé, le nouveau texte de l'article 1734 formant la loi promulguée le 5 janvier 1883 présente un sens littéral très précis.

Les termes en sont *identiques* à ceux de l'ancien article du Code civil, sauf le remplacement du mot *solidairement* par l'expression *proportionnellement à la valeur locative de la partie de l'immeuble qu'ils occupent,* remplacement qui consiste à substituer une obligation conjointe et proportionnelle à une obligation solidaire, mais qui ne modifie en rien *l'étendue* de la responsabilité *collective* des locataires responsables.

La théorie qui résulte des termes mêmes de la loi est conforme au bon sens, à l'équité, à la logique, à la pensée fondamentale des savants et illustres auteurs du

Code Napoléon. Elle est juste et sage dans son principe, rationnelle et simple dans son application.

Toute autre théorie ne peut s'appuyer que sur une pensée confuse et des arguments contradictoires; toute autre théorie est illogique dans son principe, inextricable dans ses conséquences et son application. Il suffit, pour s'en convaincre, de lire les dissertations des commentateurs.

Dans ces conditions, le juge peut-il hésiter à appliquer la lettre de la loi?

D'ailleurs, s'il faisait autrement, il devrait juger en même temps que tous les contrats d'assurance contractés avec des propriétaires de maisons de location sont résiliés de plein droit, puisque le risque de l'assureur est singulièrement modifié. Il devrait juger en outre que la nouvelle loi n'est pas applicable aux locataires dont les baux en cours sont antérieurs à sa promulgation, puisque les propriétaires qui les ont consentis comptaient sur leur recours total en cas d'incendie. Ce seraient là des conséquences forcées, toutes choses du reste que le législateur a complètement oubliées.

5536 — Paris, Imp. L. PHILIPONA, 5, rue de Lille.